MME DE SÉVIGNÉ

—

ŒUVRES

—

ALBUM

LETTRES

DE

MADAME DE SÉVIGNÉ

DE SA FAMILLE ET DE SES AMIS

RECUEILLIES ET ANNOTÉES

PAR M. MONMERQUÉ

MEMBRE DE L'INSTITUT

ALBUM

PARIS

LIBRAIRIE HACHETTE

BOULEVARD SAINT-GERMAIN, 79

LETTRES

DE

MADAME DE SÉVIGNÉ

DE SA FAMILLE ET DE SES AMIS

ALBUM

IMPRIMERIE GÉNÉRALE DE CH. LAHURE
Rue de Fleurus, 9, à Paris

PLANCHE D'ARMOIRIES

MARIE DE RABUTIN CHANTAL, MARQUISE DE SÉVIGNÉ

GRIGNAN

SIMIANE

Ch. Millon de Montherlant pinxit

Imp Lemercier & Cᵉ Paris

ARMOIRIES.

SÉVIGNÉ.

Écartelé de sable et d'argent.

RABUTIN.

(Suivant la généalogie manuscrite dressée par le comte de Bussy et conservée
à la Bibliothèque de l'Arsenal.)

Cinq points d'or équipollés à quatre de gueules, écartelé d'azur,
à la croix dentelée d'or.

GRIGNAN.

D'après la déclaration faite par le comte de Grignan à l'Armorial général, qui est
conservée à la Bibliothèque impériale, mais dont on n'a dû garder que la façon
d'écarteler les armoiries des alliances, en rétablissant les émaux selon les indications
du P. Anselme, de la Chesnaye des Bois, de Pithon-Curt et des armoriaux mo-
dernes.)

Écartelé, au 1er quartier, de gueules, au château d'or donjonné de
trois tours de même, celle du milieu plus élevée, qui est *Castel-
lane;* au 2d, de gueules, au lion d'argent, la queue nouée et passée
en sautoir, au franc-canton d'hermine, qui est *Montfort-Campo-
basso;* au 3me, de gueules, à la croix alaisée d'or, cantonnée de
quatre roses de même; au 4me, contre-écartelé de gueules à la
tour donjonnée d'or, et d'or, au lion de gueules et un chef d'azur
chargé d'une fleur de lis d'or, qui est *Ornano;* sur le tout, d'or à
trois bandes d'azur, qui est *Adhémar.*

SIMIANE.

D'or, semé de tours et de fleurs de lis d'azur.

PORTRAITS

I

Portrait de Mme la marquise de Sévigné,

née de Rabutin-Chantal.

Ce portrait a été dessiné par M. Auguste Sandoz,
d'après un pastel original de Nanteuil, apparte-
nant à M. le comte de l'Aubespin, et il a été
gravé par M. Ferdinand Delannoye.

MARIE DE RABUTIN CHANTAL
MARQUISE DE SEVIGNE

A. Sandoz del.   d'après Nanteuil   Gravé par Ferd Delannoy

Imp Ch Chardon ainé   Paris

II

Portrait de Mme la comtesse de Grignan,

née de Sévigné.

Ce portrait a été dessiné par M. Auguste Sandoz,
et gravé par M. Auguste Lévy. Le dessin de
M. Sandoz est la copie d'un portrait du temps,
non signé, faisant partie de la collection conservée au château des Rochers, lequel appartient
aujourd'hui à M. le comte des Nétumières.

FRANÇOISE MARGUERITE DE SÉVIGNÉ
COMTESSE DE GRIGNAN
Née à Paris en 1646   Morte à Mazargues en 1705

A. Sandoz. del.   Bⁿᵉ Levy sc.

Imp. Ch. Chardon ainé   Paris

III

Portrait de Charles, marquis de Sévigné.

Ce portrait a été dessiné par M. Auguste Sandoz,
d'après le portrait de Sébastien Bourdon, faisant
partie de la collection conservée au château des
Rochers, et gravé par M. Auguste Lévy.

Une erreur a été commise dans la position des armoiries qui figurent au
bas de ce portrait et de celui de la marquise Charles de Sévigné. L'écusson de Sévigné devrait être placé à gauche et celui de Brehant à droite,
contrairement à ce qui a été fait.

CHARLES DE SÉVIGNÉ

Né vers le mois de 1648. Mort le 8 mars 1713.

IV

PORTRAIT DE LA MARQUISE (CHARLES) DE SÉVIGNÉ,

née de Brehant de Mauron.

Voyez, dans la *Revue des Deux Mondes* du 15 novembre 1849, un article de M. Feuillet de Conches intitulé : *Les apocryphes de la peinture ;* voyez aussi la 2ᵉ partie des *Mémoires* de Walckenaer *sur Mme de Sévigné,* 2ᵉ édition, 1852, p. 514.)

Ce portrait a été dessiné par M. Auguste Sandoz, d'après l'émail original de Petitot, conservé au musée du Louvre, et il a été gravé par M. Weber.

Remplacez au bas du portrait la date de naissance 1668 par 1659. La première est donnée par le *Mercure de France* et par le livre intitulé : *Généalogie de la maison de Brehant ;* mais la seconde est tirée de l'acte de baptême conservé dans les registres de la paroisse de Saint-Aubin à Rennes.

Jeanne-Marguerite .... de Breuil-Maumont
MARQUISE .... DE SEVIGNE

A. Sandoz del   d'après Petitot   Gravé par Weber

.

VUES D'HABITATIONS

I

Vue de l'hôtel Carnavalet

à Paris

Cette vue a été dessinée par M. A. Deroy, d'après une gravure du temps.

VUE DE L'HOTEL CARNAVALET, AU XVIIᵉ SIÈCLE.

Dessin de A. Deroy, d'après une gravure du temps.

II

VUE DU CHÂTEAU DES ROCHERS

près de Vitré (Ille-et-Vilaine)

Cette vue a été dessinée d'après nature par M. Auguste Sandoz, qui a légèrement modifié le dessin de la porte principale, de manière à en reproduire l'état ancien.

VUE DU CHATEAU DES ROCHERS.

Dessin de A. Sandoz, d'après nature.

III

Vue du château de Grignan

Cette vue, qui reproduit l'état ancien du château,
a été dessinée par M. Hubert Clerget, d'après
une aquarelle du temps qui existe à la Bibliothèque impériale, et qui porte cette légende :
*Veüe de Grignan, du costé des chastaigniers,
sur le chemin de Vauréas.*

VUE DU CHATEAU DE GRIGNAN (ÉTAT ANCIEN).

Dessin de M. Hubert Clergel, d'après une aquarelle du temps.

IV

Vue du château de Grignan

dans l'arrondissement de Montélimar (Drôme)

Cette vue, qui reproduit l'état actuel du château, a été dessinée par M. E. Thérond, d'après une photographie.

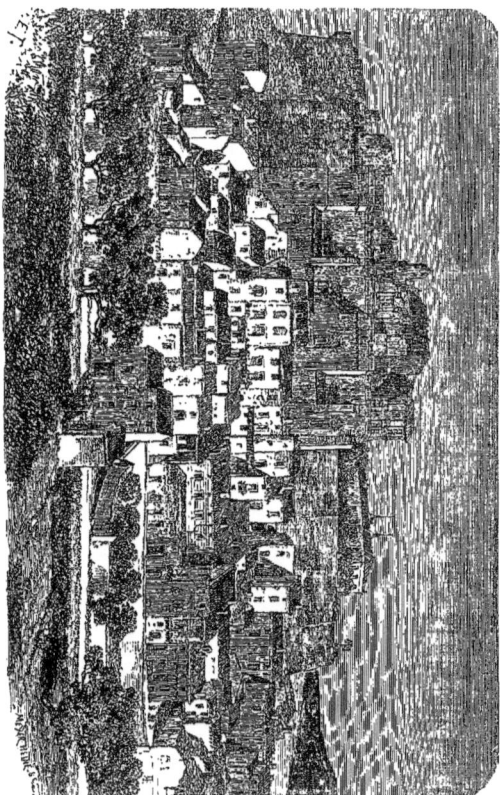

VUE DU CHATEAU DE GRIGNAN.

Dessin de E. Thérond, d'après une photographie.

V

Vue intérieure de l'église collégiale de Saint-Sauveur

à Grignan

Cette vue, qui reproduit la nef et le chœur de
l'église où Mme de Sévigné a été enterrée, à la
gauche du grand autel, a été dessinée par
M. Hubert Clerget, d'après un dessin publié
dans l'*Ancienne France*, du baron Taylor.

VUE INTERIEURE DE L'ÉGLISE COLLÉGIALE DE SAINT-SAUVEUR, A GRIGNAN.

Dessin de M. Hubert Clerget, d'après une lithographie publiée dans l'*Ancienne France*, du baron Taylor.

VI

Vue du Buron

près de Nantes

Cette vue de l'état actuel a été dessinée d'après
nature par M. Victor Petit.

VUE DU CHATEAU DU BURON.

Dessin de Victor Petit, d'après nature.

VII

Vue de Bourbilly

près d'Époisse, dans l'arrondissement de Semur (Côte-d'Or)

Cette vue de l'état actuel a été dessinée par M. Hubert Clerget, d'après une photographie.

VUE DU CHATEAU DE BOURBILLY.

Dessin de Hubert Clerget, d'après une photographie.

VIII et IX

DEUX VUES DU CHATEAU D'ÉPOISSE

dans l'arrondissement de Semur (Côte-d'Or)

Ces vues de l'état actuel ont été dessinées par
M. Hubert Clerget, d'après des photographies.

VUE DU CHATEAU D'ÉPOISSES DU COTÉ DU PARC.

VUE DU CHATEAU DU COTÉ D'ÉPOISSES.
Dessins de Hubert Clergel, d'après une photographie.

FAC-SIMILE D'AUTOGRAPHES

1° Lettre de Mme de Sévigné à Lenet, signée :
M. de Rabustin Chantal, imprimée au tome I,
p. 367. — L'original est à la Bibliothèque impériale : *Manuscrits de Lenet*, tome XXVII, *fonds
français*, n° 6729, f° 6.

2° Lettre de Mme de Sévigné à Gaignières, signée :
La M. de Sévigné, imprimée au tome VIII,
p. 153. — L'original est à la Bibliothèque impériale : *Lettres originales, fonds Gaignières*,
n° 493 G, f° 396 *bis*.

3° Lettre, sans signature, de Mme de Sévigné à
Mme de Grignan, imprimée, pour la première
fois, au tome XI, p. ix. — L'original, qui faisait
partie des papiers d'Horace Walpole, appartient
à M. Payne de Londres.

Monsieur

vous me permettres de souhaitter la paix
Car se trouue auec vostre permission qu'une
heure de Conuersation vaut mieux que
Cinquante lettres, quand vous seres
roy et que i'auray l'honneur de vous
voir ie vous feray demeurer d'acort
que la guerre est-vne fort sotte chose
i'en souhaitte la fin auec passion et
la Continuation de vos bonnes graces
dont ie fais vne estime toute extraordin
& suis auec verite

Monsieur

Vostre tres humble et
obeissante seruante
DE RABUTIN
Chantal

le 29e mars

mardy

j'ay tenté plusieurs fois
Monsieur de vous a trouver
de prise pour vous faire
des sincères compliments, et
vous dire la douleur que
j'ay pris mesme de la perte
irreparable que nous avons
faite, mais vous faites Monsieur
comme les justes sont severes,
j'ay envoyé un he vous lagnay
qui ne trouva personne
chez vous, enfin se fiay
reduite a vous dire par ce
billet que personne ne peut
estre plus sensible que moy
a tout ce qui vous touche,
Su. M de Sevigne

Montgomery of Alamein

Signed

a paris ce Mecredy ausoir

le moyen ma bonne de vous faire
comprendre ce que j'ay souffert, et par
quelles sortes de paroles vous pouroie
representer les douleurs d'une telle
separation, je ne sçay pas moy mesme
come j'ay pu la soutenir, vous m'en
avez paru sy touchee aussy, que je ne
crains que vous n'en ayez esté plus
mal qu'a vostre ordinaire, qui est
trop dire, car vous n'avez pas
besoin d'aucune augmantation, cette
inquietude trop bien fondee pour une
santé qui m'est sy chere, une labsence
d'une personne come vous, dont
tout me va droit au coeur, et dont
rien ne m'est indifferent, vous
pouront faire comprendre une partie
de l'estat ou je suis, say donc soing
des yeux cette burque, et je penses
a ce qu'elle m'en....it, et come elle

festoyment, et combien de jours se
passeront sans revoir le bel personne,
et toute cette troupe que j'aime
et que j'honore, et par elle, et par
rapport a vous, enfin toute cette
séparation m'a été infiniment sensible
ne vous coûte point mes larmes, c'est
un effet de mon temperamment, mais
croyez ma bonne qu'elles viennent d'un
coeur qui parfaitement et tendrement
a vous, que par cette raison, il doit
vous estre cher, je croy qu'il vous est
aussi, et cette pensée authorise tous
mes sentimens; après donc vous
avoir perdue de veue, votre clemence
avec la philosophie de Corbinelli, qui
connoist trop le coeur humain pour
n'avoir pas respecté ma douleur,
il la laissé faire, et comme un bon
amy, il m'auroit esté follement
de me faire taire, suis esté a la

messe a notre dame, et puis dans les
hostel dont la vene et les chambres et
le jardin, et tout, et l'epine, et trop...
malades que nay esté voir, mon...
souffrir certaines sortes de peines, que
vous ignorez peut estre parce que vous
estes forte, mais qui sont dures aux
febles come moy, nous aurons regardé
vos memoires et demain quelques
payemens, nous vous rendrons compte
de tout, ne nay point sorty, made
lunardin et que de monsr ont forcé
ma porte, refuseray d'aller demain
voir melle de mery pour annu...
il ne m'est pas possible, suy une
envie extreme de savoir de vos
nouvelles, et come vous vous trouvez
de la tranquilité, et de la longueur
de votre marche, si vous arrivez
bientost, quelles fatigues, quelles
avantures, mais c'est a m'en goberge que

se demande le detail, las a vous
ma bonne, je ne veux point contribuer
a votre épuisement, je suis contente
d'une feuille, vous devés mesnager
cette discretion cy je prens sur moy,
et j'ayme votre santé; j'embrasse
tout ce qui est autour de vous, il
me semble que je n'ay rien dit a Mlle
de grignan, et leur gere, mais le moyen, et
n'est-ce pas parler que de me promener
rien dire, en verité ma bonne je
ne comprens pas come je pourray
m'acoutumer a ne vous plus voir,
et a la solitude de cette maison,
je suis si pleine de vous, que je
ne puis rien souffrir, ny rien regarder,
il faut croire que le temps me
remettra, dans l'etat d'une vie come
elle ne serait pas supportable come
elle est, je vous embrasse ma
bonne avec le mesme meilleur et les mesme
larmes deux matin

4° LETTRE de Charles de Sévigné à Pontchartrain, imprimée au tome X, p. 79. — L'original est à la Bibliothèque impériale : *Lettres diverses, fonds français*, n° 12765, f° 173.

à Rennes ce 13e avril

J'ay Receu une seconde lettre de Monsr de Caumartin
ou il me parle de la continuation de vos Bontés, et
de la grace que vous me faittes de m'asseurer encor
de votre Protection Pour entrer dans la nouvelle
charge de Lieutenant de Roy de cette Province,
Trouues bon Monseigneur qu'auec toute sorte de
Respect je me rende de parler au Ministre Pour m'addresser
a Monsieur de Pontchartrain qui a bien voulu
depuis long temps m'honorer de quelque Part dans
sa bienveillance, je meurs d'enuie de Rentrer dans
le service la vie inutile que je mene en Bretagne
m'est denenue insupportable, et il faut qu'elle finisse

ou par cet employ ou par une Retraitte entiere ou
Je ne pense plus qu'à mon salut, en cet Estat Monseigneur
vous Juges bien que Je fais les derniers efforts pour
atteindre a La charge qui est a Remplir, et pour
L'obtenir avec tout Les appointements que Le Roy y
a attachés, Je ne puis aller qu'à cinquante cinq mille
escus c'est tout ce que Je puis faire dans Le temps
Présent, permettes moy de vous faire souvenir de
quelques details où vous aves daigné entrer quand
Je me puis marié et dont Les papiers ont esté Long temps
entre vos mains La difficulté du temps où nous sommes
me mettroit hors d'estat de soustenir Les titre de Lieutenant
de Roy, si Les appointements de La charge estoient
absorbés par L'Interest de L'emprunt qu'il faut faire
mes forces ne s'estendent pas plus Loin, si par vostre
Protection Monseigneur Je puis a ce Prix estre agreé du
Roy, J'espere que vous seres content de mon Zele et de
mon application pour son service, et si mes concurrents

L'emporter sur moy, le Reste demaure sera employé
neur à faire soin du monde des voeux tres sinceres et tres
ardens pour votre bonheur et pour votre prosperite

Je suis avec un extreme Respect.

: Monseigneur

Votre tres humble
et tres obeissant serviteur

5° Lettre de Mme de Grignan à Pompone, imprimée au tome VI, p. 147. — L'original fait
partie de la succession de M. Monmerqué.

ii nay pas dessein Monsieur de
vous faire un compliment ie ne
sauroit pas tant retardé estant
plus sensible a ce qui vous arrive
que ceux qui le sont presés, mais
monsieur trouvés bon que ie
vous demande la continuation
de lhonneur de votre amitié que
vous maves jusques a present si
utilement accordée sous le nom de
protection, comme il nestoit pas
necessaire, davoir un grand merite
pour obliger une ame comme la
vostre a faire les graces dont
la fortune vous rendroit disposé
et qu'il faut une egalité de
merite que ie nay pas pour estre
digne, de votre amitié, ie mattache
a votre bonté pour toûjours, ie
vous supplie de croire monsieur

que de tous les biens que ie n'en ay
receus, celuy que ie demande me
paroist le plus honorable et le plus
precieux, avec les sentimens que
ie me trouve pour vous monsieur
il m'est difficile de vous plaindre
il me semble que vous auries beaucoup
perdu si vous aviés cesté lettre
sur de ponpone quand vous
aviés en d'autres dignités, mais
de quelle perte ne me consoleras ie estre
consolé quand on est assuré des
toujours l'homme du monde
dont les vertus et le singulier
merite le sont le plus aymer
et respecter

La Comtesse de Grignan

a vir ce 9 decembre

6° Lettre du comte de Grignan à Pompone, imprimée au tome X, p. 424. — L'original fait
partie de la succession de M. Monmerqué.

Le 3 novembre a Lambesc 1696.

il me semble, monsieur, que Je me trouve dans un heureux
engagement, de vous rennouveller au moins une fois touts
les annees, les assurances du veritable respect que Jay pour vous
mais Jose dire que vous n'estes pas moins engagé de votre
costé a me conserver vos anciennes bontés, et l'honneur de
vos bonnes graces, puis que vous ne pouvés douter du tres
vif empressement que jay de les meriter, et d'y avoir un peu
de part, trouvés donc bon, pour vous en faire souvenir, monsieur
que ce me serve de l'occasion du courrier qui va porter au
roy, la continuation des marques du zele de nos provenceaux
et de leur soumission a ses volontés, et qu'en remplissant le
devoir qui m'oblige de vous en faire part, ce vous suplie
tres humblement d'honorer nostre province de votre protection
et de vos bons offices auprés de S.M. rendés moy toujours
auprés de vous mesme monsieur, celuy d'estre persuadé de
l'attachement respectueux et inviolable avec lequel Je
seray toute ma vie vostre tres humble et tres obeissant serviteur
Grignan

mr de pompponne

7° LETTRE de Jean-Baptiste de Grignan, archevêque
d'Arles, à Pompone, imprimée au tome X,
p. 407. — L'original fait partie de la succession
de M. Monmerqué.

A Salon le 16.me aoust

L'Interest vif et sincere Monsieur que tous
les Grignans depuis le premier jusqu'au
dernier prennent a tout ce qui vous regarde
vous est trop cognu et depuis trop long temps
pour vous laisser douter de la ioye du
mariage de Mlle de Pompone avec Mr le
marquis de Torsi tous les aggrements que
vous y trouvez Monsieur et par le merite infini
du gendre que vous acquerez et par le relief
de sa charge et par toutes les marques de
distinction dont il plaist au Roy d'honorer
ce mariage ne vous laissent rien a desirer
pour vostre parfaicte satisfaction ie vous
supplie tres humblement de croire Monsieur
que personne ne scauroit estre plus sensible que
ie le suis et que ie le seray toute ma vie a tous
vos advantages et que mon coeur fera tousiours
son devoir et sur la recognoissance que ie vous
dois pour toutes vos bontés et toutes autres
engagements que i'ay de vous honorer infiniment
et d'estre avec un tres respectueuse attachement
Monsieur Vostre tres humble et tres obeissant
serviteur J'Arch d'Arles

8º Lettre de l'abbé de Grignan, qui fut ensuite évêque de Carcassonne, imprimée au tome X, p. 563. — L'original fait partie de la succession de M. Monmerqué.

8

Monseigneur.

Je ne sçay que depuis très peu de temps
les bontés que vous avez eu pour moy dans
votre voyage de rome et les sollicitations
pressantes que vous avez faits plusieurs fois
au pape pour m'obtenir des bulles gratis,
je y mesme ignore jusques a cette heure
que la lettre que je me donnay l'honneur
d'escrire sur ce suject a votre Eminence luy
eust este rendue. je pense qu'elle n'a pas assez
meschante opinion de moy pour croire que
si j'eusse este adverti plustost de ces obligations j'eusse este si lent a vous donner des
marques de ma respectueuse recognoissance
ce n'est pas qu'avec vous monseigneur cet

empreſſement nest pas une choſe aſſolument
neceſſaire vous en aves encore un plus grand
a oublier les biens que vous faites et a diſ-
penſer les gens de vous eſtre oblige, cependant
monſigneur ie vous le puis autant qu'on le
puit eſtre et ien ay touts les ſentiments
que ie dois avoir et quoique ie me doive
la juſtice de croire que madame de —
grignan a eu beaucoup de part a ce que
vous aves fait en ma faveur ie ne veu
pourtant pas la charger d'aucune recog-
noſſance et ie pretens la garder toute entiere
pour moy trop heureux ſi ie pouvois vous —
en donner des marques telles que ie ſouhaiterois.
ſouhaiterois. ſoyes cependant bien perſuade
monſeigneur qu'on ne puit eſtre avec un —
plus profond et plus veritable reſpect que
ie ſuis.

        monſeigneur.
                voſtre tres humble et
                tres obeiſſant ſerviteur
                l'abbe de grignan

9° Lettre du chevalier de Grignan au cardinal de Retz, imprimée au tome IV, p. 421. — L'original fait partie de la succession de M. Monmerqué.

9

Monseigneur

Je suis obligé par trop de raisons, a m'interesser
a ce qui vous arrive, pour n'avoir pas pris
la part que i'devois, a la perte que vous
avés fait de Monsieur vostre frere, les
obligations, que toute la famille, vous a
et moy en particulier Monseigneur, ne
me permettent pas, d'estre indifferant a
ce qui vous touche, je n'oubliray iamais,
les bontés que vous avés eu pour moy
et la plus grande envie, que i'aurois, seroit
de pouvoir marquer a V. eminence, la

reconnoissance que j'en ay, et le respect avec
lequel Je suis

Monseigneur

De votre eminence

Le plus humble et tres
obeissant serviteur

Du camp devant
Condé le 28 d'auril,

Le chevalier de Grignan

À S. E.

Monseigneur
Le Cardinal de
Retz,

10° Lettre de Mme de Simiane à d'Héricourt, imprimée au tome XI, p. 210. — L'original fait partie de la collection de M. Chasles, de l'Institut.

renoûtre ses bois mortin nonplus
il netoit pas question de corps,
au moins aux pieds, mais de
quelque chose de plus considerable,
si vous renvoûi de tout, mon
peur de pouvoir envoye, le dit
pire, et si trouve que vous aves
pas bien penli, d'apprendre son art
si me presentèvay, pour la, ses
experiance, apres laquelle if faudra
peut etre me couper les deux cuirbes
mais art une bagatelle,
dicutre comme vous alles vous
gobevger a ce buvilof, quelle afaime
de me, ny oublies pas tout a fan
les pairies lavitivay dire, emburifles pour

moy le premiere donnez ie vous
en prie, ie vous le rendray, icy
mais peut estre ne seres vous pas
touché de cette restitution, vous
aimeries mieux celle de sostirottez
ie vous la souhaite, monsieur

A Monsieur

Monsieur D'hericourt
Intendant des Galleres

11° — (a) Lettre, sans signature, de Bussy Rabutin
à Mme de Sévigné, imprimée au tome III, p. 311,
d'après le manuscrit de l'Institut, f°s 51 et 52.
(b) Fin d'une lettre de Bussy au P. Brotier, du
2 septembre 1676, signée : *Bussy Rabutin.* —
L'original est à la bibliothèque impériale : *Cor-*
respondance de Bussy, collection du P. Brotier,
n° 16, f° 61.

A Paris ce 13.me Dec. 1673.

Vous pourrés vous Souuenir mad.e de la —
conneruation que nous eusmes l'autre iour,
Elle fut presque toute Sur les gens qui —
pouuoient trauerser mon retour, et quoy —
que ie pense que nous les ayons tous —
nommés, Ie ne Croy pas que nous ayons —
parlé des uoies dont ils se seruent pour —
me nuire, Cependant I'en ay découuert —
quelques unes depuis que ie ne uous ay —
ueue, et l'on m'a asseuré entr'autres —
que mad.e Scarron en étoit une. Ie ne —
Suy pas crou au point de n'en pas douter —
un peu, Car bien que ie Sache qu'elle est
amie de Personnes qui ne m'ayment pas, —
Ie Scay qu'elle est encor plus amie de la —
raison, et il ne m'en paruist pas a perse-
cuter par Complaissance seulement, un —
homme de qualité qui n'est pas sans mé-

vits accablé de disgraces. Je scay bien
que les gens d'honneur entrent, et doi-
vent entrer dans les ressentimens de leurs
amis, mais quand ces ressentimens sont
ou trop aigres, ou poussés trop loin, il
est (ce me semble) de la prudence de
ceux qui agissent de sang froid, de mode-
rer la passion de leurs amis, et de leur
faire entendre raison. La politique Con-
seille ce que ie vous dis Mad⁺, et l'expé-
rience apprend a ne pas Croire que les Choses soient toujours en même état. Or la
ven un moy, Car enfin quand ie Sortis de la
Bastille, ma liberté surprit tout le monde,
le Roy a Commencé a me faire de petites
graces sur mon retour dans un tems ou
personne ne les attendoit, et sa bonté
et ma patiance me feront tost ou tard recevoir de plus grandes faveurs; Il n'en
faut pas douter Mad⁺, les disgraces ont
leurs bornes comme les prosperités.

Ne trouvés vous donc pas qu'il est de la politique de ne pas outrer les haines, et de ne pas désespérer les gens. mais quand on se flatteroit assés pour croire que le Roy ne se radouciroit Jamais pour moy; Où est l'humanité? où est le Christianisme? Je Connois assés les Courtisans mad pour Savoir que ces Sentimens sont bien foibles en eux, et moy même avant mes malheurs Je ne les avois guéres, mais ie Sçay la générosité de mad Scarron, Son honnêteté, et sa vertu, et ie suis persuadé que la Corruption de la Cour ne la gâtera Jamais, Si ie ne Croyois cecy, Je ne vous le dirois pas, car ie ne suis point flatteur, et memes ie ne vous Supplierois pas comme ie fais mad de luy parler Sur ce suiet, C'est l'estime que J'ay pour elle qui me fait souhaitter de luy etre obligé, et croire qu'elle n'y aura point de répugnance. Si Elle craint

l'amitié des malheureux, Elle ne fera
rien pour avoir la mienne, Mais si l'ami
tié de l'homme du monde Le plus reconnois
sant, (et a qui il ne manquoit que de la mau
vaise fortune pour avoir assés de vertu) luy
est Considerable, Elle voudra bien me faire
plaisir. &.

Croiés bien qu'on ne peut pas nous aymer plus
tendrement que ie fais ny vtu plus unzi infament
a nous que iy suis.

12° Lettre de l'abbé de Coulanges au procureur Bonnet, imprimée au tome III, p. 410, d'après un fac-simile inséré dans l'édition de 1820 des *Mémoires de Coulanges*. — L'original appartient à M. Hersart du Buron.

De Paris ce 15. aoust.

Nous venons de recevoir la nouvelle d'une blessure fort legere qu'M. le marq. a reçu a la 2de dans ce grand combat qu'M. le Prince vient de donner ou il y a eu quantité de gens de qualité tués ou blessés, un marquis y est pynalé par sa vole entre les plus braves. Nous luy avons envoyé un cirurgien, et dito le a la Farge pour Boy de entendre qu'il ne nous affitn d'argent d'ce qu'il doit par son nouveau bail pour le service espeu a les garce dans cette occasion, ou le renonce pour sauecin son l'honneur sans exces ca affection. J'ay reçu un paquet je ne puis point de l'un que presentaen qu' elle que se vous ay envoyé li ce n'est qu' vous en désirés une autre sur le modele qu' vous nous dies envoyé. M. de Mesnen a fait signifier Mad. de la marq. auy req. du Palais a Rennes pour ratifier son contract faire d'avoir fourny des titres prescrivance pour ses Justices vous jurer qu'il y a deux trups qu' je suis presse d'en churn dans la chaud. d'Z en plus, sur longueur a retard une a cause cette action qu'il fait, cort du reproche qu' nous avons a vous fet, a aues rendes nous interrompre en 1er ordre je suis pas loisir d'vous andire davantage. L'Abbé de Bolainur

Bretagne. A Monsieur

Monsieur Bonnecarrère
au siège Social d'en haut.
à Nantes

13³⁰ LETTRE d'Emmanuel de Coulanges à Gaignières,
imprimée au tome X, p. 539. — L'original fait
partie de la succession de M. Monmerqué.

Ce mardy matin

Ie vous suis trez obligé monsieur de
l'honneur de votre souvenir, c'est une
marque de la continuation de votre
amitié alaquelle ie suis trez sensible
mais ie suis trez affligé de l'estat ou vous
estes, et ie ne manqueray pas rendy
prochain d'en aller moy mesme sçavoir
des nouvelles ie souhaitte fort quee vous
m'en donnies de meilleures, que celles que
vous m'apprenés par votre billet votre
cabinet merite bien l'immortalité, et
pour y parvenir, vous ne pouvies mieux
faire que de le ioindre aceluy desa
maiesté, mais ie souhaitte fort quesant

que vous viuvés elle vous donne largement
des marques bien effectiues de la recoinnoissance
qu'elle en doit auoir. le present le merite
bien, ie vous remercie par auance
monsieur, de la grace que vous me
voulés bien faire de me dire comme
tout cela s'est passé, vous ne pouués en
faire confidence a personne qui prenne
plus d'interet c'est que ie le fais en tout ce qui
vous regarde, qui vous honnore et vous
estime plus que ie le fais, ny qui soit
plus humblement et plus tendrement que
ie le suis vostre tres humble et tres obeissant
seruiteur.   Coulanges

+ ie crois que vous scaues bien que nous
vec auons perdu dimanche dernier mon
le mareschal de choiseul; comme il n'auoit
que huit mois plus que moy, c'est une
pierre dans mon iardin. nous en
sommes tres affligés made de coulanges
et moy, c'estoit un amy de plus de cinquante
ans auec qui nous auons toujours eu
une liaison tres particuliere dont on ne
pouuoit asses admirer la valeur, et le
desinteressement, par n'auoir rien qui
ne fut au seruice de ses amys. c'est une
grande perte pour tous les choiseuls qui
sont sur la terre qu'il secourait dans tous
leurs besoins

A Monsieur

Monsieur le gardiens

14° — (*a*) Lettre, sans signature, de Mme de Coulanges à Lamoignon, imprimée au tome X,
p. 564. — L'original fait partie de la succession
de M. Monmerqué.

(*b*) Fin d'une lettre de Mme de Coulanges à Gaignières, datée de Lyon le 29 août. — L'original
est à la Bibliothèque impériale : *Lettres originales, fonds Gaignières*, n° 493 B, f° 415.

14

l'honneur de vous voir
mais vous avez trop d'affaires
pour que ça puisse et ...ser
me de ... ... ainsi monsieur
j'irai ... uniquement pour
vous et me tiendrai très
bien récompensé de mon
voyage si vous me donnez
quelques moments,

Monsieur
Monsieur de
la maison

à fresnaie vendredy au soir [14]

quel endroit du monde habitez
vous mandez moy que ma
ly bien disznever tout se qu'
je pense ly halle se je crois qu'il
faut que si fort instruite her
se que vous regarde ajez d me
la benté de me frere scavoir
ly vous ete de retour de tout
vos grande voiage ly vous
vous portez bien de vos eaux
vous me parlez dune

manière [...] vivre [...] la douleur
que veut [...] de [...]
monsieur [...] votre frère que
[...] ay eu [...] attendrie bien des
gens disent qu'il aiment bien
mais cela n'est que trop vray
on veut [...] et vous [...] bien
et promet encore que voila le
besoin que vous aviez des
cœurs mais les cœurs [...]
et [...] font bien, mais
tout [...] cette réflexion [...]
dans la solitude on [...]
pourtant bien encore [...]

15° LETTRE de Mme de la Fayette à Mlle de Scudéry, d'après un fac-simile inséré dans l'édition
de 1818 des *Lettres de Mme de Sévigné*.

.

ce mescredy

Je ne vous puis dire Mademoiselle
quelle est ma joye quand vous
me faittes l'honneur de vous
souvenir de moy et quand
ie recoy des marques de ce
souvenir par des choses qui
me donnent par elles mesmes
un veritable plaisir Vous
estes toujours admirable et
inimitable il ne se peut
rien de plus divertissant
et de plus utile que ce
que vous m'aves fait

l'honneur de m'envoyer vous
seule pour j... ces deux
choses a vous suplie de
croire que si ma santé
me le permettoit j'aurois
souvent l'honneur de vous
rendre mes devoirs

La ... de la Fayette

16° Lettre de Corbinelli à Mlle de Scudéry, d'après un fac-simile inséré dans l'édition de 1818 des *Lettres de Mme de Sévigné.*

moi qui ne lis nonplus de
gazettes que l'alcoran, je ne pouuoy
pas deuiner mademoiselle que
uous eussiez remporté le prix de
l'eloquence, et en mille ans ne
me seroy pas aduisé d'oser en faire
un compliment parceque je n'eusse
jamais pu croire que nostre siecle
souffrist d'mestre un prix pr cela
je scauoy seullement en gros et
en dettail que uous en meritiez un
tres tous les eloquens de monde
et que quand la fortune ne seroit
plus brouillée auec le merite uous
remporteriez les prix de toutes les
belles qualités d'esprit, quelque
je ne scauoy que cela et ne dluinoy
rien, c'est dela que procede mon
silence sur uotre uictoire, mais
c'est une belle uictoire que celle la
aupres d'estre l'admiration de toutes
les nations quil sauent nostre langue

sur quoy, elle ne vous ont rien
donné; oh siecle oh meurs
oh honte de tout ce qui y a dame
sensible; ma Cousine me vient
de faire un compliment sur
nostre pris et me chante pouille
de ne l'avoir pas deviné; elle
vous aime trop Vendredy Talou
                    Corbinelli

LETTRES

DE

MADAME DE SÉVIGNÉ

DE SA FAMILLE ET DE SES AMIS

RECUEILLIES ET ANNOTÉES

PAR M. MONMERQUÉ
MEMBRE DE L'INSTITUT

ALBUM

PARIS
LIBRAIRIE DE L. HACHETTE ET Cie
BOULEVARD SAINT-GERMAIN

1868

CHARTRES. — IMPRIMERIE DURAND
Rue Fulbert, 9

v/pod-product-compliance

7